Lena Hesse

Das kleine **Wunder**

المُعْجِزَةُ الصَّغِيرَةُ

Deutsch - Arabisch

Nils hat richtig schlechte Laune.
Erst hat er beim Tischtennisspielen
gegen Tim verloren.

نِيلزْ مِزَاجُهُ مُتَعَكِّرٌ جِدّاً.
أَوَّلاً خَسِرَ فِي كُرَةِ الطَّاوِلَةِ ضِدَّ تِيم.

Und dann, während der zweiten Partie,
hat er seinen blauen
Lieblings-Tischtennisball
ins hohe Gras geschossen ...

بَعْدَ ذَلك، خِلالَ الجَوْلةِ الثَّانِيةِ،
رَمَى كُرَتَهُ الزَّرْقاء المُفَضَّلَة
في العُشْبِ العَالي...

... und nun kann er ihn nicht wiederfinden ...

... und JETZT stolpert er auch noch über etwas und fällt
der Länge nach hin!

...والآنَ لَا يَسْتَطِيع أَن يَجِدَهَا...

...والآن تَعَثَّرَ أَيْضاً فَوْقَ شَيءٍ ما وَ سَقَطَ أَرْضاً!

„Uff", macht Nils.
„Aua", macht das *Etwas.*

"أوف"، قَالَ نِيلز.
"أَوَا"، قَالَ هذا الشَّيء.

„Tut mir Leid", sagt Nils.
„Ich habe dich gar nicht gesehen."
Das *Etwas* winkt ab und seufzt.
„Schon gut. Ich bin es gewohnt,
übersehen zu werden.
Ich bin nämlich ein kleines Wunder!"

"أَنَا آسِف"، قَالَ نِيلز.
"أَنَا لَمْ أَرَكَ بَتَاتاً."
هذا **الشَّيء** أَشَارَ بِيَدِهِ وَ تَنَهَّد.
"لا عَلَيْك. لَقَد اعْتَدتُ أَن لا
تَرَانِي النَاس.
فَأَنا في النِهايَة مُعْجِزَة صَغيرَة!"

Nils staunt.
„Ich bin noch nie einem Wunder begegnet!"

„Normalerweise passiert das auch nicht.
Ich habe dir bloß eben die Schnürsenkel
zumachen wollen, damit du nicht
darüber stolperst – aber dann
hast du dich so schnell bewegt
und ich konnte nicht mehr ausweichen ..."

يَنْدَهِشْ نِيلز.
"أَنا لَمْ أُقابِل مُعْجِزَةً مِنْ قَبْل!"

"عادَةً لا يُوجَد أَحَد قَد قابَلَ مُعْجِزَة.
لَقَد أَرَدتُ فَقَط أَن
أَعقُد رِباطَ حِذائك كَيْ لا تَتَعَثَّرَ وَ
تَقَع – لَكِنَّكَ تَحَركتَ بِسُرعَة
جِداً وَلَم أَستَطع الإبْتِعاد..."

„Oh", sagt Nils.
Dann sagt er: „Danke schön."
Und schließlich: „Das mit den Schnürsenkeln habe ich auch nicht bemerkt."

„Siehst du, genau das meine ich!",
ruft das kleine Wunder.
„Heutzutage muss man als Wunder
schon was bieten,
damit man bemerkt wird!"

"أوه"، يَقُولُ نِيلز.
بَعْدَهَا يَقُولُ: "شُكراً جَزيلاً."
وَ يُضِيفُ: "فِيما يَتَعَلَّقُ بِرِبَاطِ الحِذَاءِ لَمْ أُلاحِظْ ذَلك."

"هَل رَأيتَ، تَماماً هَذا مَا أَقْصِدُهُ!"،
تُنَادي المُعْجِزَةُ الصَّغِيرةُ.
"هَذِهِ الأيَّام يَجِب عَلَى مُعجِزَة صَغِيرَة أن تَقُومَ بِشَيءٍ ما كَي تَنتَبِهَ النَاس!"

„Meine große Schwester zum Beispiel:
Neulich fuhr ein Mädchen
mit seinem Fahrrad durch Scherben
und hat sich gewundert,
dass der Reifen heil geblieben ist.
Dabei hat meine Schwester
den Reifen blitzschnell geflickt!"

"أُخْتي الكَبيرة عَلى سَبيلِ المِثال:
حَديثاً كانَتْ فَتاةٌ تَقُودُ دَرَّاجَتَها
فَوْقَ زُجاج مَكْسور وَتَعَجَّبَتْ
أنَّ الإطارَ لَمْ يُصَبْ بِأذى.
خِلالَ ذَلك ألْصَقَتْ أُخْتي
الإطار بِسُرْعةِ البَرْق!"

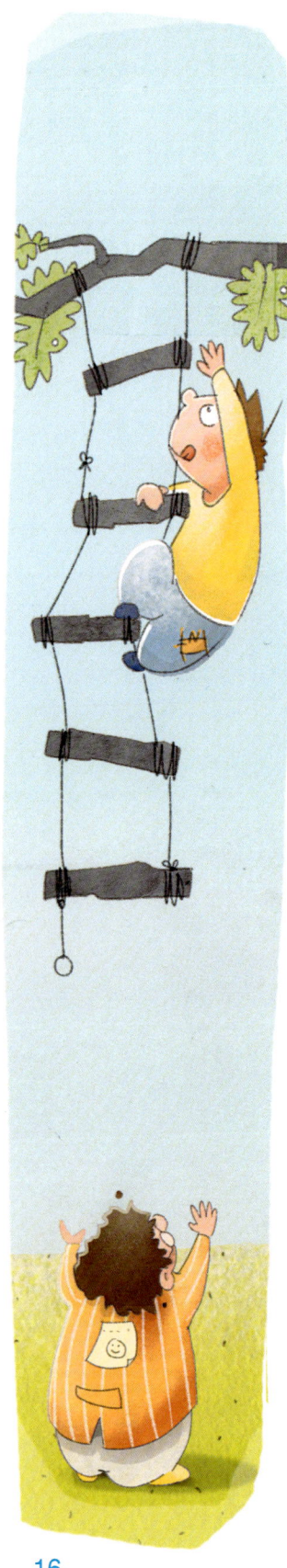

„Mein großer Bruder hat gestern einen Jungen aufgefangen, der beim Klettern vom Baum gefallen ist."

"اَلْبَارِحَة اِلْتَقَطَ أَخِي الْكَبِير وَلد، كَانَ قَدْ إِنْزَلَقَ أَثْنَاءَ التَّسَلُّق مِنْ أَعْلَى الشَّجَرَةِ."

„Und mein Onkel
lenkt regelmäßig Meteoriten ab,
die auf die Erde zufliegen.
Und hinterher hört man die Leute sagen:
‚Was für ein Wunder,
dass alles gut gegangen ist!'"

"وَعَمِّي يَعْتَرِضُ دَائِماً النَّيَازِكَ
الَّتِي تَطِيرُ إِلَى الأَرْضِ.
وَبَعْدَ ذَلِكَ تَسْمَعُ النَّاسَ يَقُولون:
"مَا هَذِهِ المُعْجِزَة،
كَيفَ يَسِيرُ كُلُّ شَيء بِانْتِظَام!"

„Und was glaubst du, was ich mache?
Ich drehe das Radio lauter,
wenn ein schönes Lied kommt.
Ziehe die Vorhänge ein Stück auf,
wenn die Sonne scheint."

"وَهَل تَعْلَمُ ماذا أفعلُ أنا؟
أنا أرْفَعُ صَوْتَ الرّاديو،
عِنْدَما تَأتي أغْنيةٌ جَميلة.
أفْتَحُ السَّتائرَ قليلاً عِنْدَما
تُشْرِقُ الشَّمْس."

„Wenn bei euch gebacken wird, puste ich den Plätzchenduft auf die Straße, damit ihn alle riechen können.

Ich sorge für extra viel Schaum in der Badewanne –

"عِنْدَما يُخْبَزُ عِنْدَكُم شَيْئاً،
أَنْفُثُ رَائِحَةَ الحَلوى فِي الشَّارِعِ حَتَّى يَشُمّها الجَميع.

أَحْرِصُ أَنْ
يَكُونَ هُنَاكُ الكَثير
مِنَ الرَّغْوَةِ فِي المِغْطَسِ-

„Aber den Leuten
sind kleine Wunder wie ich egal.
Die bemerken mich nicht einmal …"
Nils will etwas sagen,
um das kleine Wunder zu trösten,
aber da fällt sein Blick auf …

"لكنَّ النَّاسَ لا يَهُمُّهُم المُعْجِزات الصَّغِيرة مِثْلي.
لا يُلاحِظُونني أَبَداً… "
نِيلز يُريدُ قَوْلَ شَيء
مَا حَتَّى يُواسي المُعْجِزَةِ الصَّغِيرَةِ،
لَكِنْ هُنا لَفَتَ اِنْتِبَاهَهُ شَيء…

„Hey!", ruft Nils, „Da ist er ja!"

**Dort, direkt neben ihm,
liegt sein blauer Tischtennisball!**

Er dreht sich zum kleinen Wunder um.
Aber das ist verschwunden.

"مَهْلاً!"، يُنَادي نيلز، "هَا هِيَ!"

هُنَاك، بِجَوَارِه كَانت كُرَته الزَّرْقَاء!

اِلْتَفَتَ إِلى المُعْجِزَةِ الصَّغِيرَةِ. لَكِنَّها اِخْتَفَتْ.

Nils steht auf und sieht sich um.
Er dreht den Tischtennisball
in seiner Hand
und überlegt einen Moment.
„Was für ein Wunder,
dass ich den im hohen Gras
noch gefunden habe!",
sagt er sehr laut und sehr deutlich.

Und nochmal:
„Wirklich, ein wahres *Wunder*!"

وَقَفَ نِيلز وَ نَظَرَ حَوْلَهُ.
يُدِيرُ كُرَةَ الطَّاوِلَة بِيَدَيْه وَيُفَكِّرُ لِلَحْظَة.
"ما هَذه المُعْجِزَة، أَن أجدهَا فِي العُشْبِ الطّويل!"،
قَال بِصوْتٍ مُرْتَفِعٍ جدّاً وَبِكُلِّ وضُوح.

وَمَرَّة أُخْرى:
"حَقاً، مُعْجِزَة حَقِيقِيَّة!"

Leserätsel

Hast du die Geschichte genau gelesen?
Dann kannst du sicher die folgenden Fragen beantworten.
Setze den Buchstaben vor der richtigen Antwort in die unten stehenden Kästchen ein und du bekommst ein Lösungswort.

1. **Wer hat beim Tischtennisspiel gewonnen?**
   - **A** Nils
   - **B** Tim
   - **C** Keiner, es war Gleichstand

2. **Was hat Nils verloren?**
   - **E** Einen Tischtennisball
   - **A** Eine Seifenblase
   - **O** Seine Schnürsenkel

3. **Wem begegnet Nils auf dem Rasen?**
   - **L** Seiner Mutter
   - **I** Dem kleinen Wunder
   - **T** Dem Briefträger

4. **Wer repariert den Fahrradreifen des Mädchens?**
   - **M** Nils' Schwester
   - **F** Der Bruder des kleinen Wunders
   - **S** Die Schwester des kleinen Wunders

5. **Was macht der Onkel des kleinen Wunders?**
   - P Meteoriten von der Erde ablenken
   - K Kinder von Bäumen schubsen
   - H Seifenblasen

6. **Was macht das kleine Wunder NICHT?**
   - W Plätzchenduft pusten
   - G Vorhänge öffnen, wenn die Sonne scheint
   - I Rasenmähen

7. **Warum ist das kleine Wunder traurig?**
   - D Nils hat ihn beim Hinfallen verletzt
   - E Keiner bemerkt seine guten Taten
   - S Er kann keine Seifenblasen machen

8. **Welches kleine Wunder erlebt Nils?**
   - L Er findet seinen Ball
   - T Er gewinnt beim Tischtennisspiel
   - U Er backt Plätzchen ganz allein.

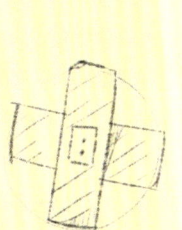

Lösungswort

| 1 | 2 | 3 | 4 | 5 | 6 | 7 | 8 |

5. مَاذا يَفْعَلُ عَم المُعْجِزَةِ الصَّغِيرةِ؟

ج   يَعْتَرِضُ النَّيازِكَ عن الأرْضِ
ب   يَدْفَعُ الأطْفالَ عنَ الأشْجارِ
ت   فقاعاتِ الصّابُونِ

6. ما الذي لا تَفْعَلُهُ المُعْجِزَة الصَّغِيرَة؟

ن   تَنْفُثُ رَائِحَةَ الحَلْوَى
هـ   تَفْتَحُ السَّتائِرَ عِنْدَما تُشْرِقُ الشَّمْس
ز   تَحْصدُ الأعْشاب

7. لِمَاذا المُعْجِزَة الصَّغِيرة حَزِينَة؟

ك   نِيلز جَرَحَها عِنْدَما سَقَطَ
ا   لا أحَد يُلاحِظ أفْعالها الجَيِّدة
م   لا تَسْتَطِيع صُنْعَ فقاعاتِ الصّابون

8. مَا هِيَ المُعْجِزَةُ الصَّغِيرةُ التَّي عاشَها نِيلز؟

ت   وَجَدَ كُرَته
و   فازَ بِلعْبَةِ كُرَةِ الطَّاولة
ي   يَخْبِزُ الحَلوى لِوَحده فَقَط.

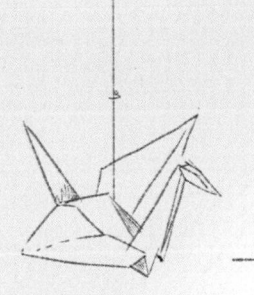

كَلِمَةُ الحَلّ

8	7	6	5	4	3	2	1